バンクビジネス別冊

窓口担当者必携！

金融機関のための
外国人のお客様対応マニュアル

バンクビジネス編集部［編］

近代セールス社

はじめに

近年のインバウンド急増が記憶に新しいだけでなく、在留資格新設などの政策も影響してか、在日外国人の数は２０１９年に２９０万人超という過去最高を記録しています。これを受け、金融機関においては、外国人のお客様が円滑に預貯金口座を開設できるようにするための取組みなどを進めています。一方で昨今、世界的にマネー・ローンダリングやテロ資金供与への対策が重要視され、日本の金融機関においても、マネロン等の防止に向けた取組みがなされています。これは海外送金などの取引が身近である在日外国人のお客様にとって非常に重要なことです。

外国人のお客様については、手続きの円滑さとマネロン等対策の両立が求められていますが、「そもそも言語コミュニケーションが難しい」「確認事項が多い」といった理由で、その対応に苦手意識を持っている金融機関の営業店担当者も少なくないでしょう。しかし、外国人のお客様との取引ならではの手続きの流れや確認事項、留意点を知っていれば難しいことではありません。本書を参考に、外国人のお客様対応をマスターしていただければ幸いです。

バンクビジネス編集部

目次

Part 3 海外送金 編

Part 4 マネロン等対策 編

Part 1

基礎知識＆基本応対　編

Q＆Aで学ぶ
外国人のお客様の基本応対

Q1 外国人のお客様の応対はどのようにすればいいの？

A 外国人が日本で生活しようとする場合、給与の受取り等、様々な場面で預貯金口座を利用することが必要になります。金融機関には、政府が２０１８年12月に公表した「外国人材の受入れ・共生のための総合的対応策」を踏まえ、外国人のお客様が円滑に預貯金口座を開設できるための取組みを進めることが求められています。一方で、金融取引がマネー・ローンダリング等の不正取引に利用されない態勢を整備することも重要です。外国人のお客様が帰国時に不要となった預金口座が第三者に譲渡され、不正利用される――といったリスクを踏まえた対策を講じる必要があります。

外国人のお客様の預金口座開設にあたっては、日本人と同様に、法令に基づき、本人確認書類の提示を受けて、犯収法に基づく取引時確認を実施します。この際、外国人特有のリスクを踏まえ、在留カードの提示を受けて、本人特定事項（氏名・住所・生年月日）以外に在留資格や在留期限、就労許可の有無等を確認し、口座開設に合理性があるか等を判断することが重要です。また、帰国時には口座を解約するように依頼しましょう。その他、外為法やＣＲＳ、ＦＡＴＣＡ等の法令で定められた確認・検証を適切に実施してください。

●検証ポイント等を熟知しておく

そのためには、日頃から自行庫における取扱いに慣れておき、検証ポイント等を熟知しておくことが重要です。また、政府からの要請を踏まえ、自行庫で備えてある外国語で書かれた説明ツール・パンフレット等を適宜活用し、円滑な口座開設が進むように配慮してください。

ポイント

マネロン等のリスクに注意しつつ、円滑な取引ができるような応対が求められる

Q2 外国人のお客様の応対で気をつけるべきことはある？

A

金融庁のマネロン等ガイドラインでは、リスクベース・アプローチに基づき、マネロン等リスクを適時・適切に特定・評価し、当該リスクに見合った有効性のあるリスク低減措置を講じることが求められています。したがって、外国人のお客様との取引にあたっては、外国人取引に関するリスクを認識し、それを低減するために必要な措置を講ずることが必要です。

●帰国する際は口座を解約するように依頼

国家公安委員会が公表している「犯罪収益移転危険度調査書」には、外国人が帰国する際に犯罪グループに売却した個人名義口座が特殊詐欺の振込先として悪用されている事例等がマネロン等リスクとして記載されています。

そこで、外国人との取引にあたっては、預金口座の不正売買リスクを踏まえ、以下のような対策をとる必要があります。

・自行庫のリスク評価書に「外国人は帰国時に口座を不正転売する可能性がある」ことを記載し、自行庫の役職員でリスクに対する認識を共有する。

・外国人の留学生や就労者等の顧客について、在留カードにより在留資格・在留期間を確認し、システムに登録することで、在留期限到来時の管理を徹底する。

・口座開設時に外国人が留学先や就労先に在籍しているかどうかを確認し、口座開設目的が適切か（売買目的の口座開設が行われていないか）をチェックする。

・外国人に対して、母国に帰国する際には、口座を解約するように依頼しておく。

ポイント

預金口座の不正売買リスクを踏まえ、認識の共有や情報の管理を徹底する

Q3 外国人のお客様からはどんな質問を受けやすい？ どう対応すれば？

A

外国人のお客様が我が国で預金取引を行う際、母国とは異なる取扱いに戸惑うこともあります。例えば、外国では「印鑑を押す」という商慣習は一般的でなく、通常はサイン（署名）で取引しますので、口座開設時に「印鑑ではなくサインではダメなのか？」という質問を受けることが想定されます。

最近では、サインでの取引ができる金融機関も増えてきましたが、多くの金融機関では原則としてサインでの取引を行っておらず、取引印を届け出てもらっています。その理由には以下のようなことが考えられます。

預金規定では、印鑑照合等に関して「払戻請求書、諸届その他の書類に使用された印影（または署名・暗証）を届出の印鑑（または署名鑑・暗証）と相当の注意をもって照合し…」などと規定されています。欧米とは異なり、我が国では一般的にサインを使用する商慣習がないため、サインの照合に慣れている担当者はほとんどいません。特に、迅速に大量の事務処理を行うことが求められる金融取引では、プロとして要求される注意義務の程度をもって照合する―ということは難しいからです。

●届出印での取引が必要である点の理解を促す

外国人のお客様には、我が国の商慣習として、「サインでの取引は一般的ではなく、届出印をもって照合する必要がある」ということを理解してもらいます。なお、説明にあたって、日本語の理解が不十分な人も多いと思います。日本語が十分にできる就業先や学校の関係者等に帯同してもらい、円滑な説明ができるように配慮しましょう。

ポイント

商慣習の違いから、届出印に関する理解が乏しいことも。規定を基にうまく説明しよう

Q4 外国人のお客様への対応でクレームになるケースもある？

A マネー・ローンダリング対策にやや面倒な印象を持ち、トラブルの一因として危惧する担当者もいるかもしれませんが、同対策は各国で同様に行われている取組みです。口座開設時に外国人のお客様の身元をしっかりと把握するため、在留カードの提示を求めて、本人特定事項（氏名・住所・生年月日）や在留資格、在留期間等についてチェックすることは、不適切な対応ではありません。また、金融機関によっては、社員証や学生証をもって、外国人のお客様が会社や学校等に在籍しているかを確認することもあると思います。

このように、外国人のお客様の口座開設にあたって特有の確認を実施することは必要不可欠です。その結果、在留期間の残りが短い場合や、勤務先の在籍確認ができないといった場合、総合的な判断から口座開設を謝絶することも許容されます。

●クレームの多くは確認書類の不足などが背景だが…

ただし、口座開設を謝絶した際に、本人や勤務先、留学先の関係者などからクレームを受けることもあります。多くは確認書類の不足等に起因する、例えば「必要書類が店頭に公表されておらず、わかりにくい」「十分な説明がなかった」といったものです。ただし、中には「お客様側の事情を考慮せず、単にルールに基づいて口座開設を謝絶した」ことによるものもあります。

例えば「在留期間の残りが3ヵ月未満の場合は口座開設ができない」という規定があるケースで、開設目的や、口座が未開設だった事情などを確認せず、謝絶の理由に納得感を得ないまま、「とにかく開設は×」という対応をしてしまったような場合です。これでは不満が生じることも想像できます。日本での生活習慣や商慣習に不慣れな外国人のお客様に対して、必要な配慮を欠いた対応は避けなければなりません。

ポイント
本人確認の類でクレームになることは少ない。明らかに配慮を欠いた対応は避けるべき

Q5 外国人のお客様への対応でトラブルを回避するには？

A

外国人のお客様との取引に限ったことではありませんが、お客様とのトラブルを回避するには、お客様の状況を把握して配慮することが必要です。文化や慣習が異なる社会で長年暮らしてきた人が、すぐに他国のルールを理解・適応するには難しい面もあります。金融機関としても、行職員がお客様の母国語に精通していなければ、十分な意思疎通ができないために、トラブルを引き起こす可能性もあり得ます。

●円滑に口座開設を進めるための書類準備なども依頼したい

そこで、外国人のお客様の口座開設にあたっては、その人の受入れに関わっている勤務先や学校関係者等に協力を依頼し、関係者等に口座開設手続きをサポートしてもらうことが重要です。具体的には、口座開設時に帯同してもらい、日本語での会話や書類の説明、手続きのサポートをしてもらうことになります。併せて、必要となる勤務先や就学先の証明書を準備してもらうなど、円滑な口座開設ができるように配慮することが大切です。

また、口座開設後には、公共料金や家賃等の口座引落手続き、在留資格の更新などの届け出が必要になることもあります。帰国する際には、預金口座は解約してもらわなければなりません。

我が国で生活をするうえで、金融機関との取引は欠くことのできないものです。金融機関としては、外国人のお客様の受入れに関わる人・団体と連携し、我が国での生活に必要な金融取引に関するサポートをお願いするとともに、何かあったら連絡してもらえるような関係を構築しておくことが望ましいといえます。

ポイント

トラブルを防ぐには、お客様の受入れに関わっている人・団体に協力を仰いでおく

Part 2

口座開設 編

図解で学ぶ 口座開設の確認事項とルール

①取引時確認

重要！ マネー・ローンダリングやテロ資金供与につながる不正取引を見極めて防止するために、取引時確認を行う

〈個人（自然人）の取引時確認〉

確認事項	確認方法
本人特定事項 ・氏名 ・住所 ・生年月日	本人確認書類で確認
取引を行う目的	申告
職業	申告
資産・収入の状況 （ハイリスク取引かつ 200 万円超の財産移転を伴う場合）	源泉徴収票や確定申告書等で確認

〈法人の取引時確認〉

確認事項	確認方法
本人特定事項 ・名称 ・本店または主たる事務所の所在地	登記事項証明書等公的書類で確認
取引を行う目的	申告
事業内容	登記事項証明書や定款等で確認
実質的支配者	申告
資産・収入の状況 （ハイリスク取引かつ 200 万円超の財産移転を伴う場合）	貸借対照表や損益計算書等で確認
取引担当者の本人特定事項	本人確認書類で確認
取引の任に当たっていること	委任状や電話等で確認

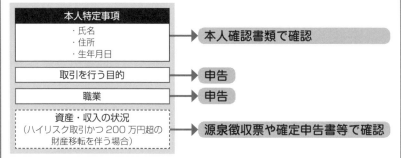

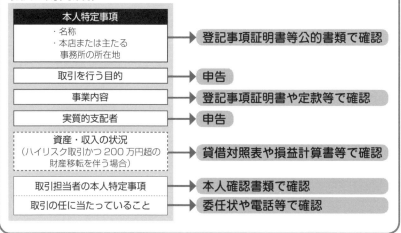

②外国PEPsかどうかの確認

重要! マネー・ローンダリングのリスクが高い外国要人等を厳格に管理するために、外国PEPsかどうか把握する

〈外国PEPsの該当者〉

ⓐ 外国の元首
ⓑ 外国で下記の職にある者
・わが国における内閣総理大臣その他の国務大臣および副大臣に相当する職
・わが国における衆議院議長・衆議院副議長、参議院議長・参議院副議長に相当する職
・わが国における最高裁判所の裁判官に相当する職
・わが国における特命全権大使、特命全権公使、特派大使に相当する職　など
ⓒ 過去にⓐまたはⓑであった者
ⓓ ⓐ～ⓒの親族
ⓔ ⓐ～ⓓが実質的支配者である法人

③反社会的勢力でないことの確認

重要! 反社会的勢力との取引を未然に防いだり停止したりするために、お客様から反社でないことの表明・確約の取得やデータとの照合などを行う

〈反社会的勢力の対象〉

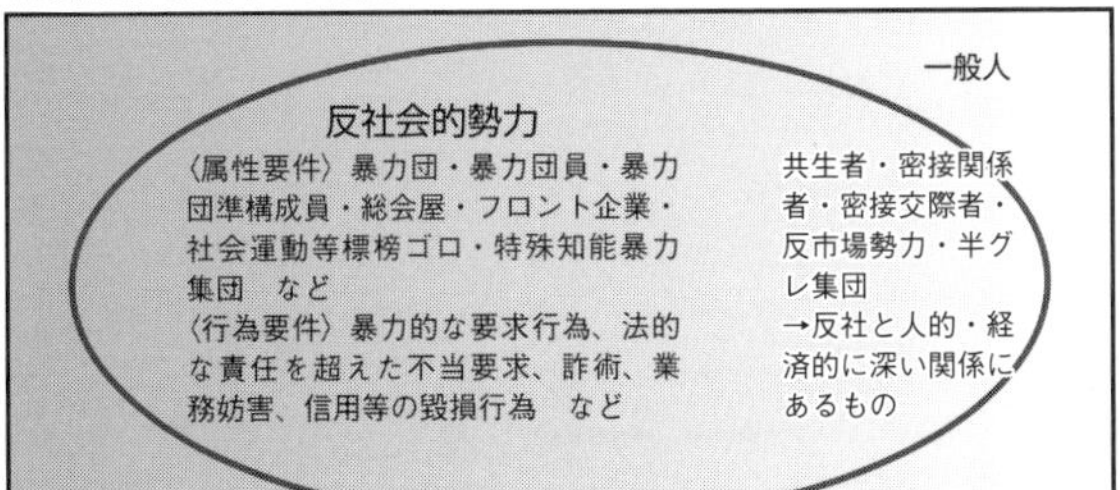
一般人
反社会的勢力
〈属性要件〉暴力団・暴力団員・暴力団準構成員・総会屋・フロント企業・社会運動等標榜ゴロ・特殊知能暴力集団　など
〈行為要件〉暴力的な要求行為、法的な責任を超えた不当要求、詐術、業務妨害、信用等の毀損行為　など
共生者・密接関係者・密接交際者・反市場勢力・半グレ集団
→反社と人的・経済的に深い関係にあるもの

④ FATCAに基づく確認

重要! 米国人の租税回避を防ぐFATCA（米国法）が日本の金融機関に適用されることから、米国人かどうかの確認（自己宣誓を含む）が必要

〈FATCAの報告の仕組み〉

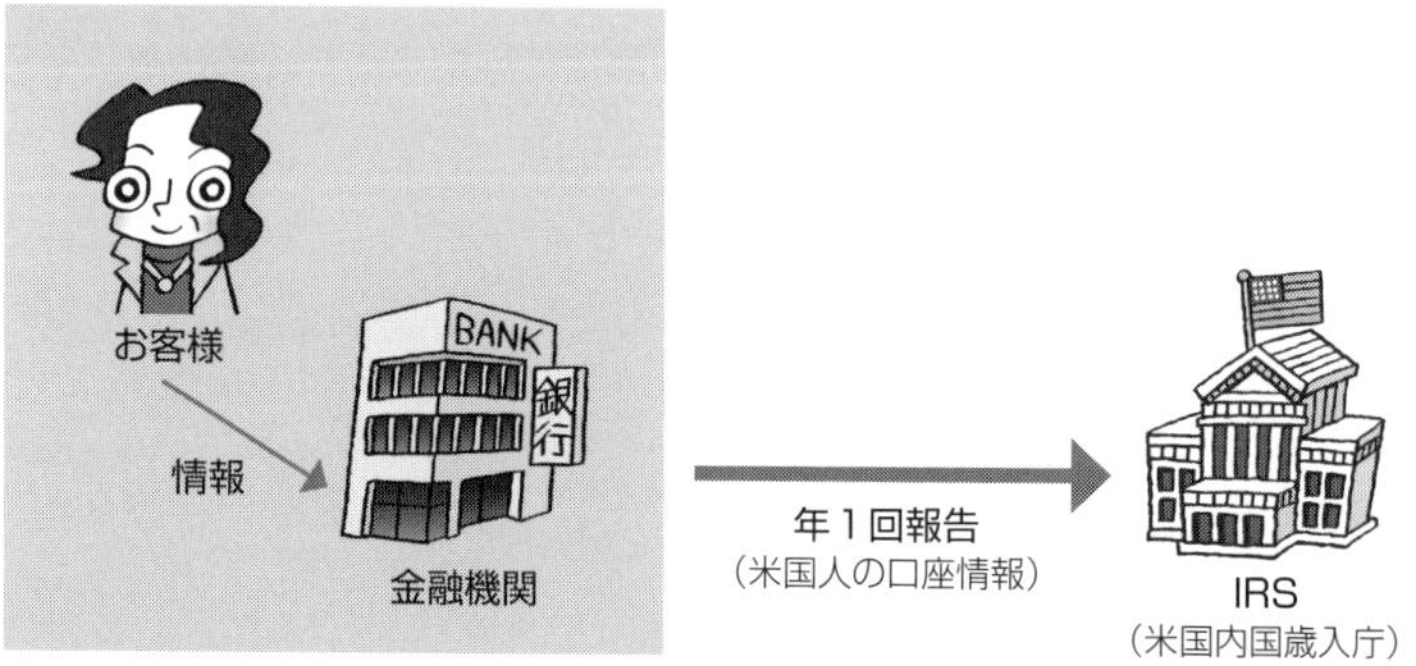
お客様
情報
BANK
銀行
金融機関
年1回報告
（米国人の口座情報）
IRS
（米国内国歳入庁）

⑤ CRS（実特法）に基づく確認

重要! 世界的な租税回避防止のために、CRS参加国等と相互で情報をやり取りする制度。これにより、日本の金融機関では非居住者情報を把握する

〈CRSの報告の仕組み〉

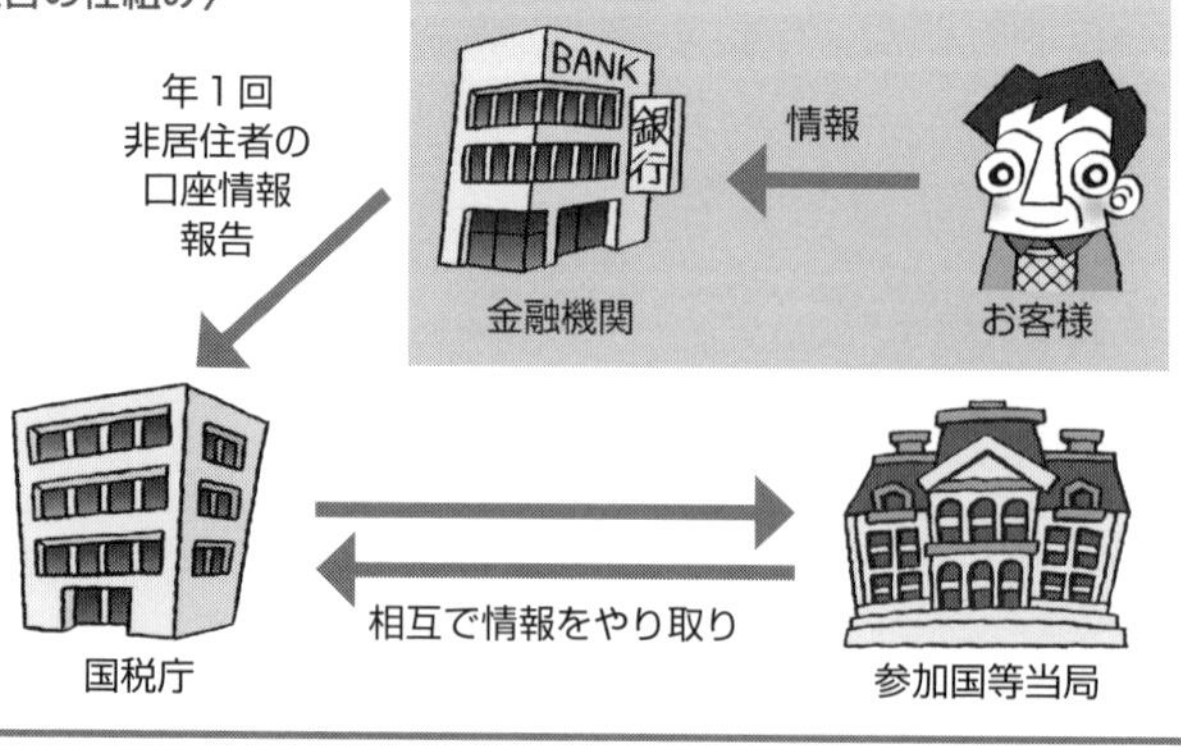
年1回
非居住者の
口座情報
報告
BANK
銀行
情報
金融機関
お客様
相互で情報をやり取り
国税庁
参加国等当局

⑥マイナンバー等取得時の確認

重要！ **お客様からマイナンバー（法人番号）の届出を受ける際には、番号確認と身元（法人）確認を行わなければならない**

〈マイナンバー取得時の確認〉

※住民票の写し（マイナンバーの記載あり）などの場合は、本人確認書類等で身元確認

〈法人番号取得時の確認〉

番号確認　　法人確認

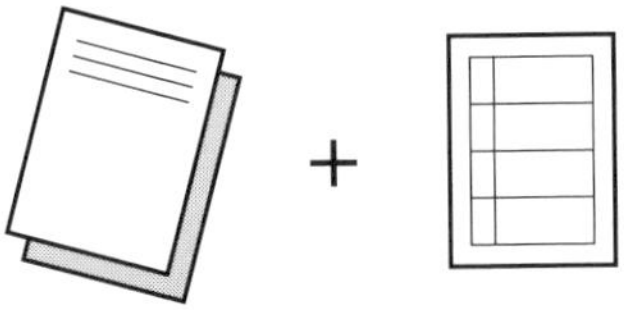

法人番号通知書か法人番号印刷書類

印鑑登録証明書や登記事項証明書など

※法人番号通知書（作成後６ヵ月以内）の提示であれば、法人番号通知書のみでOK

⑦個人情報の取扱い

重要！ **個人情報の利用目的の開示とともに、取得した個人情報をルールに従って慎重に取り扱うことが求められる**

〈個人情報の利用目的の開示〉

※金融機関における個人情報の取扱いについては、パンフレットやHP等で開示している。お客様に質問を受けたら丁寧に説明

〈個人情報の厳格な管理〉

※センシティブ情報は原則として取得しない。個人情報を取り扱う際には漏えいしないように注意

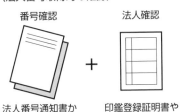

外国人のお客様の口座開設の基本と留意点

２０１８年12月に「出入国管理及び難民認定法」（入管法）が改正されたことを踏まえ、政府により「外国人材の受入れ・共生のための総合的対応策」が策定されました。

この中では、金融機関に対して新たな在留資格を有する者および技能実習生が円滑に口座を開設できるよう対応することを求めています。ここでいう新たな在留資格とは、特定技能1号と特定技能2号を指します。

一方で、外国人が帰国時に安易に売買した口座が不正利用されている実情を踏まえて、金融機関が適切に対応していくことも必要です。

このように、外国人のお客様の口座開設については、外国人のお客様の利便性向上を図りつつ、マネロン等対策にも配慮した対応を検討することが求められています。

●外国人のお客様特有の手続きが必要になる

外国人のお客様からの口座開設依頼といっても、基本的に日本人からの場合と手続きは変わりません。「取引時確認」をはじめ、「反社会的勢力でないことの確認」「外国ＰＥＰｓかどうかの確認」「ＦＡＴＣＡ・ＣＲＳ（実特法）に基づく確認」「マイナンバーの取得時の確認」等の対応が必要になります。その他、各種ウォッチリストとのフィルタリング（スクリーニング）も必要です。

加えて、金融犯罪防止の観点から、以下のような外国人のお客様特有の手続きが必要になります。

①在留カードにより在留資格と在留期間を確認すること

②口座売買が犯罪にあたることを説明したり、在留資格者が帰国する際などは口座を解約するよう依頼したりすること

③在留期限到来時に適切な顧客管理を実施できるように、外国人のお客様の在留期間を確認したうえで、システムに登録すること

中でも、①の在留資格と在留期間の確認が最も重要です。外国人は在留資格で認められた範囲内でのみ活動することができます。在留資格には、就業が無条件で認められるもの、活動の範囲が制限されるもの、原則として就業が認められないものに大別されます。

原則として就業が認められない在留資格であるにもかかわらず、給与受取り目的の口座開設依頼があった場合には、別途「資格外活動の許可」を得ているか、実際に企業に勤めているかなどを確認し、取引目的との整合性を十分に確認することが重要

です。

また、在留期間の期限についても留意が必要です。通常は来日後間もない時期に口座を開設することが多く、在留期間の期限までが残りわずかで口座開設依頼を行うことはまれです。期限までが残り少ない時点での口座開設依頼は不正利用目的である可能性が高いため、取引に合理性があるかどうかを慎重に確認します。

また、②については「帰国時には口座を解約することや口座の売買は犯罪になること」等が記載された用紙（説明文書）が用意されているのが一般的です。その用紙は全国銀行協会や警察、あるいは自行庫などにより作成されており、複数言語に対応しています。口座開設時には、そうした用紙を提示して在留期間が終わるなどの理由で帰国するときには、口座を解約するよう依頼しましょう。

なお、就労先や留学先等と連携することも重要です。口座開設時に職員等が帯同することや、当該外国人が帰国するときには金融機関に連絡することを依頼する等の対応が有効です。

●口座の取扱いに関する注意喚起の文書の例

（日本語版）

口座開設を申し込まれる外国人のお客様へ

預金口座を売買することは犯罪です

預金口座の売買（キャッシュカードや預金通帳の譲渡等）は日本の法令により禁止され、売る側も買う側も罰せられることになります。

在留期間の満了等により、本国へ帰国される場合には、解約手続きをとっていただく等、口座の不正利用防止にご協力ください。

（英語版）

To foreign nationals applying to open an account

Selling or buying a deposit bank account is a punishable offence.

Selling or buying a deposit bank account (i.e., selling or buying a cash card or a pass book) is prohibited under the law of Japan and both seller and buyer will be punished.

If you return to your home country due to the expiration of the period of stay etc., to help prevent the unlawful usage of bank accounts, please complete the account closing procedure.

マンガで学ぶ 外国人のお客様の口座開設時の確認事項・手続き

こんにちは今日はお願いがありまして
KINDAI
近代銀行
私はグエンといいます普通預金の口座を開設したいのですが
かしこまりました口座の開設にあたってはいくつか確認させていただきたいことがございます
まずはご本人様であることを確認したいのですが在留カードなどはお持ちですか？
在留カードを持っています
ありがとうございます
お預かりします

それでは
こちらの
口座開設申込書に
お名前 ご住所
生年月日などを
ご記入ください
それと 口座の
開設にあたっては
お届印が必要ですが
お作りになられて
いますか?
はい
それでしたら
こちらの枠の中に
捺印をお願いします
分かりました
それと
反社会的勢力でないことの
証明・確約として
こちらの書類にも
署名と捺印を
お願いします
ここですね
こちらの書類にある
口座を開設する目的や
ご職業を
お選びください
カキ
カキカキ

在留カードの在留資格は「技能実習」在留期間は2年ほどになっているわ
口座開設の目的と職業との整合性をきちんと確認しよう
書きましたよ
ありがとうございます
次に外国PEPsの確認をお願いします
こちらは お客様が「外国の重要な公人」に該当するか確認させていただくものです こちらの一覧に該当するものはありますか？
口座開設の目的や職業と突き合わせても不自然なことはないわ
大丈夫ね
ありません
それでしたら
こちらの「いいえ」に印をお付けください
カキカキ

それと
居住地国について
申告いただけますよう
お願いします
居住地国とは
基本的には
納税義務が
ある国を
いいます
私は今
日本に
納税義務が
あるので
「日本」と申告します
分かり
ました
書き
ました
口座の開設にあたり
マイナンバーを申告して
いただきたいので
ご協力いただければ
と思います
ただし
申告は任意と
なっておりますので
ご申告いただかなくても
お手続きに支障は
ございません
申告
します
ありがとう
ございます
それでは
こちらの
個人番号届出書に
必要事項の記入を
お願いします
届出にあたっては
番号確認と身元確認を
させていただきます
マイナンバーカードは
お持ちですか？

はい
持っています
ありがとう
ございます
こちらで番号確認と
身元確認を
させていただきます
それと
在留期間を終えて
帰国される
ときには
口座をご解約
いただき
ますので
その念書に
つきましても
署名・捺印を
お願いします
分かり
ました
ご記入いただく
書類は以上になります
こちらでお手続きを
いたしますので
しばらく
お待ちください
お客様の情報に
在留資格と
在留期間も
入力して…
カシャ
カシャ
カシャ

十数分後
お待たせしました
こちらがお通帳になります
ありがとうございます

「外国人のお客様の口座開設」こんなときどうする!?

1 外国人留学生から口座開設を依頼された場合、どのように対応したらよい？

外国人留学生からの口座開設依頼には、基本的には日本人と同様に、犯罪収益移転防止法に基づく取引時確認を行うほか、反社会的勢力に関する確認、ＦＡＴＣＡや実特法（ＣＲＳ）といった法令対応を適切に行ったうえで応じることになります。

ただし、外国人留学生については、帰国時に預金口座を不正譲渡し、振り込め詐欺等の受け皿口座として悪用される事例が増加しています。そうしたリスクを踏まえた慎重な対応が求められます。

●在留期間の残りが十分か確認

外国人留学生の口座開設では次の確認・依頼も重要です。

①在留カードにより、在留期間と残り期間を確認する

預金口座は来日間もない時期に開設されることがほとんどです。在留期間の残りが短い時期に行われる口座開設依頼は合理性に欠けるケースが多く、預金口座を不正譲渡するリスクが高いと考えられます。

このようなリスクを避けるには、在留期間の残りが十分にあるかどうかを確認し、短い場合は、口座開設を断るか、在留期間の更新後に口座開設手続きを行うべきでしょう。

●在留カードの確認ポイント

▼表面

▼裏面

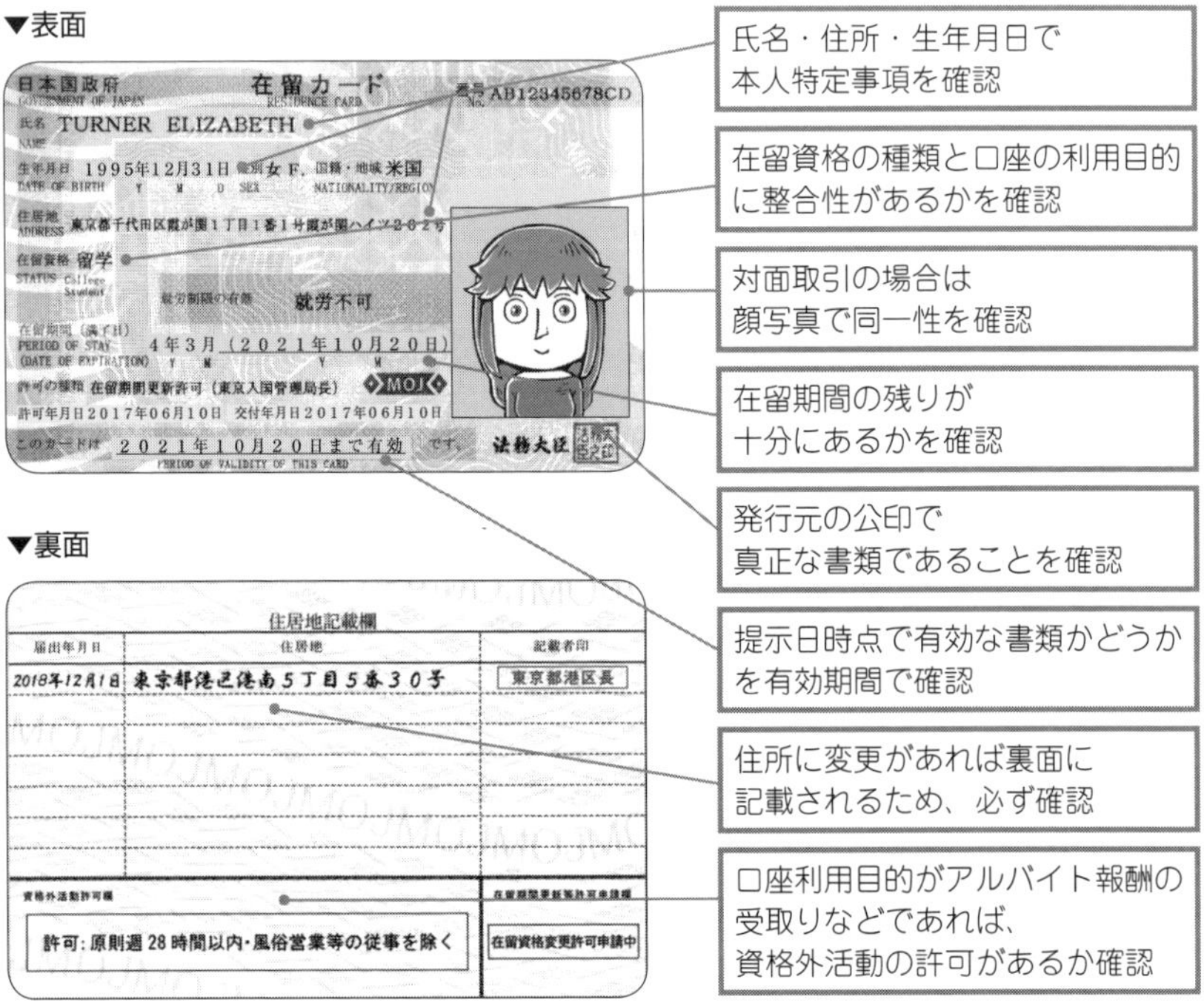

なお、短期在留者等、外為法の非居住者に該当する者は、日本人と同様の預金口座は開設することができません。

②在留カードにより、就労許可の有無を確認する

在留資格が「留学」の場合、原則として就労は認められませんが、資格外活動の許可申請を行うことで、1週について28時間以内（学校の長期休業期間

中は1週について40時間以内）に限り就労が認められます。

マンガのように、アルバイト報酬の受取口座の開設依頼があった場合は、在留カードの裏面の「資格外活動許可欄」に週28時間の就労許可が認められているかを確認します。

③在籍確認の実施および帰国時の口座解約依頼をする

留学生の中には、留学先に在籍せずに口座開設を行い、開設した口座を不正譲渡する者もいます。そこで、学生証等により「学校に在籍しているか」を確認しておくのが望ましいといえます。なお、留学生が日本語を理解できない場合は、学校関係者等を伴って手続きを行ってもらうようにします。

また、外国人留学生の口座開設では、帰国する際に口座を解約するなどの依頼をしておくことも重要です。

ポイント

在留カードにより、在留期間や就労許可の有無などについてチェックする

2 技能実習生から口座開設を依頼された場合、どうしたらいい？資格が特定技能の場合は？

技能実習制度は、開発途上国等から技能実習生を一定期間（最長5年間）受け入れ、出身国において修得が困難な技能等の修得・習熟・熟達を図る制度です。

技能実習生から口座開設依頼を受け付けたときは、基本的には日本人と同様に取引時確認などを行うことに加え、主に以下の3点に留意します。

①日本語で意思疎通ができるか

日本語での意思疎通ができない場合には、勤務先の関係者等を通じて、契約内容を理解してもらったうえで申込書に署名してもらいます。

②在留期間の残りが十分か

在留期間の残りが短い時点での口座開設は不正売買リスクが高いことを踏まえ、当該外国人から在留カードの提示を受け、在留期間が十分にあることを確認します。残りが短い場合は謝絶等を検討します。

③勤務先に在籍しているか

健康保険証や雇用契約書など勤務先が明記された書類で勤務先に在籍していることを確認します。また、勤務先の関係者等に継続的な雇用関係にあることを確認します。

２０１８年12月の入管法改正により、建設業等の14分野の深刻な人手不足を解消す

●在留カードの確認ポイント

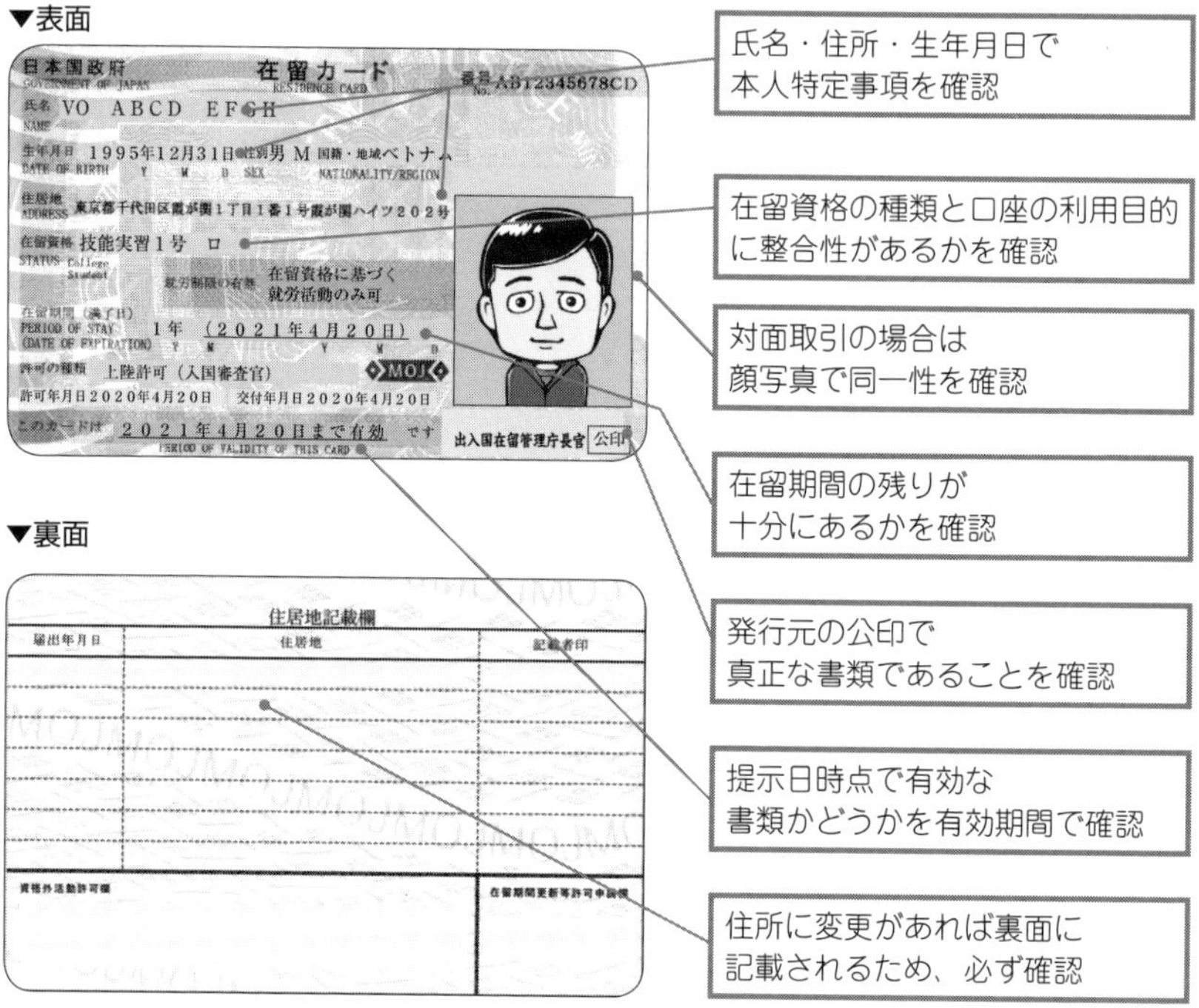
▼表面
在留カード
▼裏面
住居地記載欄
氏名・住所・生年月日で
本人特定事項を確認
在留資格の種類と口座の利用目的
に整合性があるかを確認
対面取引の場合は
顔写真で同一性を確認
在留期間の残りが
十分にあるかを確認
発行元の公印で
真正な書類であることを確認
提示日時点で有効な
書類かどうかを有効期間で確認
住所に変更があれば裏面に
記載されるため、必ず確認

ることを目的に、外国人の単純労働を事実上認める在留資格である「特定技能」が新設され、2019年4月から施行されています。

特定技能には、「特定技能1号」と「特定技能2号」という2種類の在留資格があります。

「特定技能1号」は、特定産業分野に属する相当程度の知識または経験を必要とする技能を要する業務に従事する外国人向けの在留資格です。「特定技能2号」は、特定産業分野に属する熟練した技能を要する業務に従事する外国人向けの在留資格で、２０２１年以降に受入れが始まる予定です。

●基本的には技能実習生と同様に対応

特定技能の方から口座開設の依頼があった場合も、基本的には技能実習生と同様に対応することになります。つまり、在留期間の残りが十分にあるか、勤務先に在籍しているかなどを確認したうえで口座開設に応じることになります。

なお、特定技能1号の外国人を受け入れる企業等は、法令に基づき、預金口座開設に関する支援計画を作成しなければなりません。当該企業に対して預金口座開設時の補助や、口座売買をしないことなど指導を依頼することも有効です。

ポイント

日本語で意思疎通ができるかや在留期間、勤務先に在籍していることなどを確認する

3 「家族滞在」の外国人のお客様から口座開設を依頼されたらどのように対応したらよい？

こんにちは 口座を作りたくて 来ました
かしこまりました
本日は ご本人様で あることを 確認できる書類は お持ちですか
在留カードを持っています
確認させて いただきます
ええと 在留カードについては 在留資格なども 確認しなくちゃ
むむ 在留資格が 「家族滞在」となっている!?
在留資格が「家族滞在」の 外国人の方については どのように対応したら いいのかしら…

「家族滞在」とは、日本で働いている外国人の方が、扶養している家族を日本に呼んで一緒に暮らすために必要な在留資格です。家族滞在の要件や特徴は以下のとおりです。

①扶養者の在留資格は、就労が認められる在留資格（例えば、高度専門職、経営・管理、技術・人文知識・国際業務、技能等）または留学であることが必要です。

②対象となるのは扶養を受けている配偶者または子のみです。したがって、経済的に独立していて、扶養を受けていない配偶者や子は該当しません。なお、配偶者等の在留期間は、扶養者の在留期間が終了するまでとなります。

③扶養者に十分な扶養能力があることが必要です。したがって在留資格が「留学」であっても、日本語学校生・専門学校生には扶養能力がないため、認められません。

④原則として収入を伴う活動はできません。ただし、「資格外活動許可」を申請することにより、決められた時間の範囲内（1週間に28時間）であれば、アルバイトやパートなどの活動をすることができます。

●マネロン等のリスクは相対的に低いと思われる

家族滞在の外国人から口座開設依頼を受け付けた場合、日本人と同様に、取引時確

●在留カードの確認ポイント

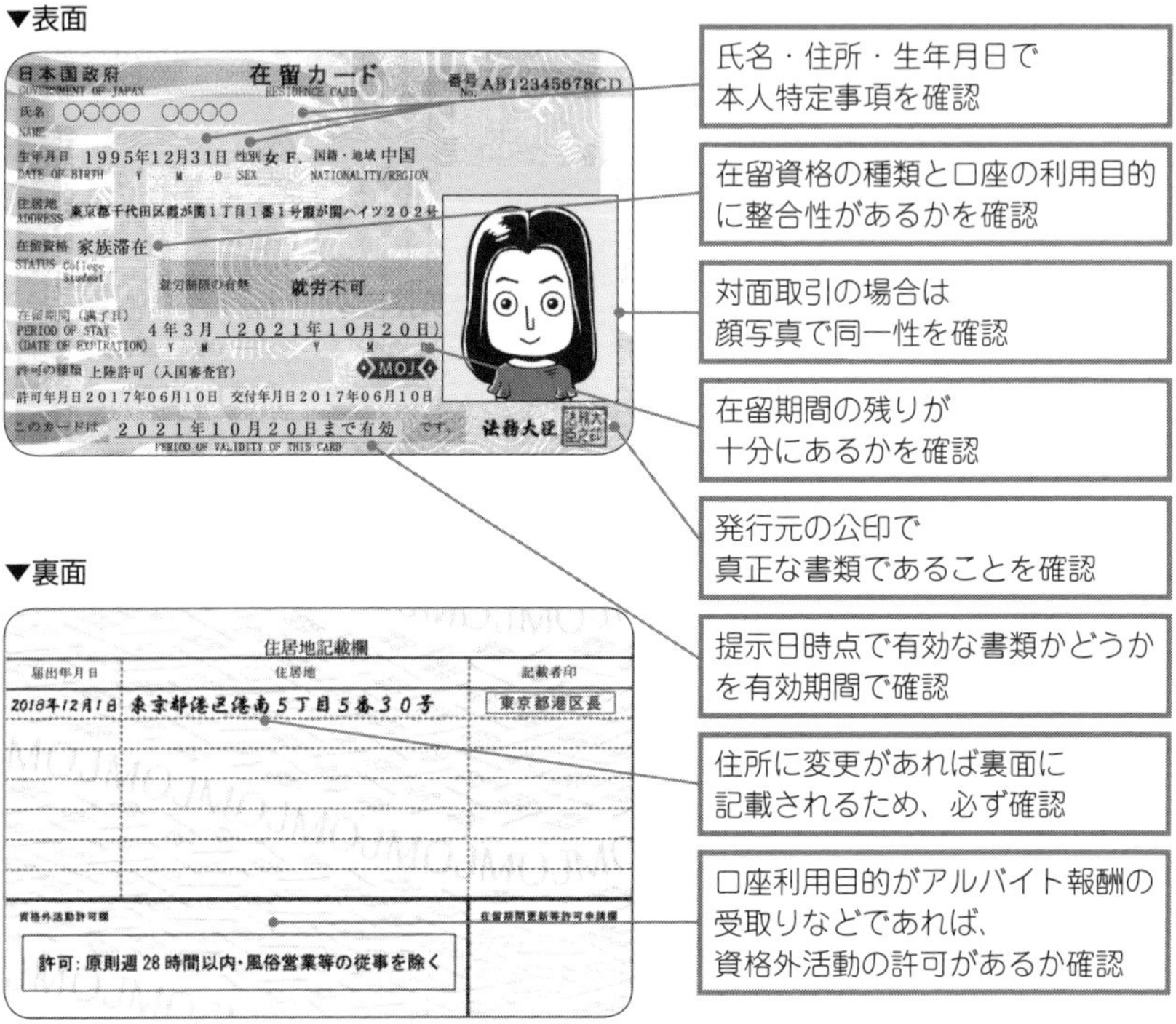
▼表面
氏名・住所・生年月日で本人特定事項を確認
在留資格の種類と口座の利用目的に整合性があるかを確認
対面取引の場合は顔写真で同一性を確認
在留期間の残りが十分にあるかを確認
発行元の公印で真正な書類であることを確認
提示日時点で有効な書類かどうかを有効期間で確認
▼裏面
住所に変更があれば裏面に記載されるため、必ず確認
口座利用目的がアルバイト報酬の受取りなどであれば、資格外活動の許可があるか確認

認や反社会的勢力に関する確認、FATCAや実特法（CRS）といった法令対応を適切に行ったうえで口座開設に応じることになります。この場合、「家族滞在」については扶養者に扶養能力があることが前提となっており、住居や収入が安定していることが見込まれ、また、長期間滞在予定の外国人も相当数存在すると考えられます。

したがってマネロン等対策上懸念される、外国人が帰国時に行う預金口座の不正売買（不正利用）のリスクは相対的に低いと考えられます。そこで、在留カードにより在留資格や在留期間を確認するほか、口座開設目的に合理性があるか確認したうえで、問題がなければ口座開設に応じてもリスクは低いと考えられます。

また、家族滞在については、原則として就労が認められませんので、アルバイト報酬のための口座開設依頼があった場合は、在留カードの裏面の「資格外活動許可欄」に1週28時間の就労許可が認められているかを確認したうえで口座開設に応じます。

ポイント

日本人のお客様と同様、取引時確認や反社会的勢力に関する確認などを行う

4 技能実習生が付添人と来店し口座開設を依頼してきた…

昨今、外国人が本国へ帰国する前に、預金口座を不正に譲渡し、その口座が金融犯罪に利用される事例が増加しています。そのため金融機関では、外国人のお客様が口座を開設する際に、慎重な取扱いを実施しています。

本ケースのように、外国人の技能実習生が付添人とともに来店して、口座開設の依頼を要請してきたときには以下の点に留意します。

①契約内容を理解していることを確認する

口座の開設は、申込人が口座開設申込書や預金規定等の（契約）内容を理解していることが前提となります。外国人の技能実習生が日本語を理解できない場合には、勤務先の関係者などの付添人を通じて、外国人のお客様に契約内容を伝達し本人が理解していることを確認したうえで、口座開設申込書などに署名等（意思表示）してもらいます。ただし、付添人は外国人のお客様の代理人ではないので、付添人との間だけで手続きを進めないようにしましょう。

●口座開設の合理性を確認する

②在留資格や在留期間を確認する

当該外国人から在留カードを提示してもらい、「技能実習」という在留資格があること、在留期間が十分にあることを確認します。在留期間が残り短い場合は、口座開設の目的に虚偽の可能性があるため、合理性についてしっかり確認します。

③勤務先に在籍していることを確認する

当該外国人が技能実習先（勤務先）に在籍していることを雇用契約書など勤務先が明記された書類で確認します。また、付添人を通じて継続的な雇用関係にあることを確認します。

ポイント

契約内容を理解していることや在留資格・期間、勤務先の在籍状況等を確認

5 以前来日した外国人のお客様が再来日して口座開設を依頼してきた…

外国人技能実習制度は、開発途上国等の外国人を技能実習生として一定期間（最長5年）受け入れ、出身国で修得が困難な技能等の修得・習熟・熟達を図る制度です。現在は、2017年11月に施行された「外国人の技能実習の適正な実施及び技能実習生の保護に関する法律（技能実習法）」により運営されています。

技能実習は、入国後1年目の技能等を修得する活動（第1号技能実習）、2～3年目の技能等に習熟するための活動（第2号技能実習）、4～5年目の技能等に熟達する活動（第3号技能実習）の3つに区分されます。第3号技能実習を行うには、第2号技能実習の修了後、第3号技能実習を開始するまでの間に、1ヵ月以上一時帰国する、もしくは第3号技能実習開始後1年以内に、1ヵ月以上1年未満一時帰国する必要があります。

本ケースのように、以前、技能実習で来日した外国人が再度来日した場合は、第3号技能実習（在留資格は「技能実習3号イまたはロ」）である可能性が考えられますので、以下の点に留意して口座開設を行います。

●在留資格などが変わっている場合も…

①再度、取引時確認や在留資格・在留期間などの確認を実施する

以前、口座を開設した相手であっても、いったん帰国した後に再来日した場合には、属性（住所や在留資格等）が以前と異なっていることが考えられます。したがって、改めて本人確認書類の提示を受けて取引時確認を行う必要があります。合わせて、ケース4で述べたような留意事項に沿って、在留資格や在留期間、勤務先の在籍状況の確認等を実施します。

②口座開設の状況を確認する

以前の来日時に開設していた口座は帰国時に解約されているのが原則ですが、もし解約されていない場合は、その口座を利用するように依頼します。もし保有していた預金通帳がなくなっている場合には、不正に売買されていないか慎重に確認しましょう。また、既存口座が解約されていないにもかかわらず、新規口座を開設しようとする場合は、口座開設の目的に合理性があるか厳格に確認します。

ポイント

取引時確認や在留資格・期間、勤務先の在籍の確認を再度行う

6 日本の支社に転勤した外国人のお客様から口座開設を求められた…

外国人が転勤で日本に来日する場合、在留資格が「技術・人文知識・国際業務」以外に、「企業内転勤」に該当することがある点に留意しましょう。

企業内転勤とは、日本に本店や支店等の事務所がある企業が、海外にある事務所（支店や営業所のほか、関連会社や子会社を含む）で働いている社員を、日本にある事務所に期限を定めて転勤させ、当該事務所において「技術・人文知識・国際業務」に相当する活動を行わせる場合の在留資格をいいます。例えば、システム開発を海外の子会社で行った後に、その開発担当者を日本に転勤させて運営等にあたらせる場合などが該当します。

企業内転勤の在留資格を申請するには、以下のような要件が必要になります。

①日本への転勤前に、海外の子会社等で「技術・人文知識・国際業務」に該当する業務に従事している
②同業務に1年以上継続して従事している
③日本人が従事する場合に受ける報酬と同等以上の報酬を支払う
④転勤期間（出向期間）が決まっている

在留資格が「技術・人文知識・国際業務」の場合、学歴や当該業務を10年以上行っているなど過去の実務経験が問われる一方で、「企業内転勤」であればこれらは問わ

れないことから、この在留資格はよく利用されています。

●日本語の理解度や勤務状況等を踏まえ慎重に確認する

本ケースのように、海外から転勤してきた外国人のお客様から口座開設の依頼があった場合には、日本語の理解度がどのくらいか、当該企業に勤務しているか、在留資格および在留期間を確認したうえで、取引時確認を慎重に行います。

また海外からの転勤者の場合、仕事の都合で在留期間が満了する前に海外に転勤する場合もありますから、そのときには口座を解約するよう依頼することも重要です。

なお在留期間が3ヵ月の場合、口座開設後直ちに在留期限を迎えることになり、口座を管理する際のリスクも高くなるため、口座開設の謝絶も検討します。

ポイント

勤務実態と合わせ、在留資格や在留期間の確認、取引時確認などを慎重に行う

7 ワーキング・ホリデーの外国人のお客様から口座開設を依頼された…

ワーキング・ホリデーとは、相互理解・国際交流などを深めるため、2国・地域間の取決め（協定）により、互いの国の青年が休暇を目的に旅行や観光などの活動をしながら、旅費・滞在費を得る範囲で働くことができる制度です。ただし、旅行や観光が主目的の制度であり、就労や就学を主目的とする渡航は禁じられています。

相手国・地域から日本にワーキング・ホリデーに来る人は、日本のワーキング・ホリデー査証を取得しなければなりません。在留資格としては「特定活動」の認定を受けます。

滞在期間は最長1年です。この制度を利用できるのは1回限りで、更新はできません。このため、在留期間の満了日が到来したときには、別の活動・目的を持って在留資格を変更しない限り、帰国することになります。

●顧客管理が非常に難しい実態を踏まえ対応

ワーキング・ホリデー制度では、滞在期間中における旅費・滞在費を補うための付随的な就労を認めていますので、就労は在留資格上認められた活動であり、資格外活動許可を得る必要はありません。風俗営業等の仕事に就くことは認められていませんが、1週間28時間以内という就労可能時間の制限もありません。

ただし、主目的はあくまでも旅行や観光であり、旅費・滞在費が不足した場合に就労が認められているに過ぎません。また、来日時点では住居が定まっておらず、在留カードに住所の記載がありません。在留期限が到来した場合には、基本的に帰国することになり、日本で開設した預金口座は利用されないようになります。

以上のようなことを考慮すると、ワーキング・ホリデーの外国人のお客様の口座については、顧客管理が非常に難しいと思われます。

口座開設依頼があったときには、顧客管理が可能な場合を除き、慎重に対応すべきであると考えます。

ポイント

風俗営業等以外の仕事であれば就労が認められているが、口座開設には慎重に対応

8 永住者の配偶者等から口座開設を依頼された…

在留資格の「永住者」とは、一定の要件を満たして永住許可申請を行い、法務大臣より許可を受けて日本に永住している外国人のことをいいます。原則として10年以上継続して日本に在留していること、そのうち5年間は就労資格を持っていることなどの要件を満たす必要があります。

永住者には、在留期間や就労等に制限がなく、日本人と同じように活動ができます。ただし、犯罪等一定の不正を犯した場合には永住許可を失います。

●在留期間に制限がない

在留資格の「永住者の配偶者等」とは、「永住者の配偶者」「特別永住者（特例法で定められた在留資格を持つ者）の配偶者」「永住者・特別永住者の子として日本で出生し、出生後引き続き日本に在留する者」をいいます。例えば、就労資格で在留していた外国人が永住者と結婚した場合、在留資格変更許可申請を行うことができます。変更が認められた場合には、「永住者の配偶者等」へ在留資格が変更されます。

永住者の配偶者等には就労について制限がなく、在留期間にも制限がありません。犯罪など不正を行わない限り、いつまでも日本に滞在できます。口座売買等のリスクが比較的低いといえることから、基本的に在留資格を確認すること以外は日本人のお客様と同様に取り扱ってよいと考えられます。

ポイント

基本的に在留資格の確認以外は日本人のお客様と同様に取り扱ってよいと考えられる

9 日本語の理解が不十分な外国人のお客様に口座開設を依頼された…

預金口座の開設は、預金契約（消費寄託契約や委任契約等）の締結という法律行為です。依頼者が申込書や約定書等の内容を理解したうえで、申込書等に署名するといった意思表示を行うことが必要です。意思表示の方法に問題があった場合、契約が無効や取消しになる可能性があります。

また、預金取引においてお客様を継続的に管理する中で、口座開設後にお客様宛てに文書等を送付したり、連絡をとったりすることがあります。お客様が日本語を十分に理解できない場合には、金融機関からの依頼内容を理解し対応することが望めない可能性が高いと考えられます。

●お客様の母国語の説明書を使う

日本語を十分に理解できない外国人のお客様から口座開設を依頼された場合には、

基本的に以下のような方法で対応することになります。

㋐勤務先や学校の関係者等の付添いを依頼し、付添人と一緒に再度開設依頼を行ってもらう

㋑お客様の母国語等で書かれた説明書（記入要領）を使って、契約内容を理解してもらう

ただし、すべての言語に対応できるわけではないので、対応には限界があります。

㋒本部の専担者に取り次いで説明を行ってもらう

説明ができる要員や言語に限りがあるため、ケースによっては対応できない可能性があります。

ポイント

勤務先や学校の付添人と一緒に、再度開設依頼を行ってもらう

10 上陸許可を得て間もない外国人のお客様に口座開設を依頼された…

日本に上陸しようとする外国人は、入管法に基づき、原則として旅券（パスポート等）に日本国大使館・総領事館の長の発給するビザを所持し、入国審査官の審査を受ける必要があります。入国審査官は、一定の要件について審査し、要件を満たしている外国人に対して上陸許可を与えます（旅券上に証印をする）。

●居住者用の口座開設は不可

外国人のお客様の口座開設では、「外国為替及び外国貿易法」（以下、外為法）に基づく規制に留意する必要があります。例えば上陸許可を受けてから6ヵ月未満の外国人は、日本国内の事務所に従事していない場合、外為法上の「非居住者」に該当することになります。

非居住者は、日本国内において通常の預金口座（居住者円預金口座）の開設は行えません。非居住者向けの普通預金口座を開設することになりますが、当該口座は一般的に、取引店以外の支店での預入れ・引出しができない、キャッシュカードが利用できない、総合口座取引やカードローン取引ができない、公共料金等の自動振替契約ができない——等の制限があります。

なお、システム対応や顧客管理上の観点から、原則として非居住者預金口座の開設に応じていない金融機関もあります。自行庫の顧客受入方針を確認し、適切に対応してください。

ポイント

外為法上の非居住者に当たるため、制限のある非居住者口座の開設に限られる

11 在留期間が残り少ない外国人のお客様に口座開設を依頼された…

外国人が日本で生活するうえでは、家賃・水道光熱費等の支払いや就労による報酬の受取りなどのために、預金口座を保有することが必要になります。

一般的に、外国人のお客様が口座を開設するのは来日間もない時期が多いことから、特別な理由や目的がない限り、在留期間が残り少ない時期に口座開設を行うことは合理性に欠けるでしょう。帰国時に小遣い稼ぎの口座売買を目論んでいる可能性があり、口座が悪用されるリスクが高いと考えられます。

●残り期間が短すぎたら口座開設を避ける

このようなリスクを避けるには、口座開設時に、在留カードの提示を受けて、在留期間の残りが十分にあることを確認するとともに、口座開設目的を十分に確認し合理性があることを認識することが重要です。

もっとも、在留期間の残りが例えば3ヵ月程度と短すぎれば、基本的に口座開設は避けるべきでしょう。もしくは、在留期間の更新が完了した後に、再度、口座開設手続きに来店するように依頼するのも良い対応だと思います。

なお、在留期間が3ヵ月以内の短期滞在者等や、外為法上の非居住者に該当する者は、一般の日本人が通常利用する預金口座（居住者円預金口座）と同じ預金口座を開設することはできません。本ケースへの対応では、この点も合わせて留意する必要があります。

ポイント

在留期間の更新が完了した後に、再度来店するよう依頼するのも一案

12 資格外活動許可がない留学生に給与受取り目的で開設依頼された…

外国人の就労は、基本的に在留資格に応じて決められます。在留資格が「留学」の場合には、原則として就労は認められていません。ただし、資格外活動の許可を得ることで、1週間28時間以内（学校の長期休業期間中は1日8時間以内）の就労が可能になります。在留カードの表面の「就労制限の有無の欄」には就労不可と記載されますが、資格外活動の許可を得た場合には、裏面の「資格外活動許可欄」に就労許可に関する文言が記載されます。

●勤務実態等の調査も行う

預金口座の開設目的が給与受取りである場合、就労が可能である状態で、日本国内の企業や事務所などに勤めて報酬を得ることが前提です。留学生の場合には必ず資格外活動の許可を受けた、就労可能な状態でなければ不自然といえます。

口座開設時には、在留カードの提示を受けて、資格外活動の許可があるかどうかを確認します。資格外活動の許可がない場合には、企業等で勤めることができませんので、預金口座の開設目的である給与受取りとの整合性がないことになります。口座売買等の不正行為が行われるおそれが高いと考えられ、不法就労のおそれもあるため、本人から事情を詳細にヒアリングするほか、必要に応じて勤務先に連絡して勤務実態等を調査したうえで、口座開設に応じるか判断することになりますが、基本的には口座開設を断ることになると思われます。留学先の学校に連絡して、正式に在籍しているかを確認することも望ましい対応といえます。

なお、目的を偽って取引を行おうとしているのであれば、犯罪収益移転防止法上の疑わしい取引に該当する可能性があります。疑わしい取引の届出の必要性を慎重に検討したうえで、必要な場合は速やかに当局に届け出ます。

ポイント

資格外活動の許可がない留学生については、就労することができない

13 実質的支配者が外国人である法人から口座開設を依頼された…

実質的支配者とは、法人の経営を実質的に支配し、法人の利益を享受する者のことをいいます。法人は自然人とは異なる権利主体であり、保有する財産に関する権利・支配関係が複雑です。マネロン等を企図する者は、自己が有する財産を法人の財産とすることで真の所有者を隠蔽し、取締役等に自己の影響力が及ぶ者をあてるなどして実質的に法人およびその財産を支配することがあります。

このようなことから金融機関は、法人取引にあたって実質的支配者はだれかを把握して、適正に管理することが非常に重要になるのです。

●顧客管理が可能かどうか

実質的支配者が外国人である場合、以下のようなケースが考えられます。

①実質的支配者兼経営者が外国人で、かつ海外に居住している非居住者の場合

実質的支配者と直接コンタクトをとることが非常に難しく、継続的な顧客管理の観点で問題があるほか、高リスク取引等の際に必要となる厳格なデュー・ディリジェンス（追加的な調査等）を適切に行うことも困難です。そのため、顧客管理が可能かどうかを慎重に検討したうえで口座開設に応じる必要があります。

②外国人の実質的支配者が国内に居住、かつ直接コンタクトできる経営者である場合

①と比べて顧客管理上の問題点は低減します。通常の顧客管理が可能であることを確認したうえで、口座開設に応じることも可能であると考えられます。

③経営者は日本人で、実質的支配者（オーナー等）が外国人である場合

問題となるのは、法人が実質的支配者（オーナー）の資産の隠れ蓑になっている状態や、経営者は名ばかりで実質的支配者（オーナー）がすべて決定権を有している状態です。金融機関としては、当該法人がこのような法人形態になっていないことを確認したうえで、口座開設に応じることになります。

ポイント

法人の実質的支配者を正しく把握し、適切な顧客管理を行うことが重要

14 本人確認書類として特別永住者証明書を提示された…

第二次世界大戦中に、日本の占領下で日本国民とされた韓国人や朝鮮人、台湾人は、戦後朝鮮半島や台湾などが日本の領土ではなくなったことにより、日本国籍を離脱しました。そうした在日韓国人・朝鮮人・台湾人とその子孫について、日本への定住性を考慮し、永住を許可することとしました。このような経緯で永住を許可された人のことを「特別永住者」といいます。

●有効期限に留意する

特別永住者として認められるには、原則として特別永住許可申請を法務大臣あてに行い、許可を受ける必要があります。特別永住者には、入管法上の在留カードに該当する「特別永住者証明書」が交付されることになりますが、これは市区町村役場に申請することで受け取ることができます。

特別永住者のお客様から口座開設を要請された場合、本ケースのように、本人確認書類として特別永住者証明書が提示されることもあります。特別永住者証明書は顔写真がついており、この書類の提示のみで本人確認が可能な書類に該当します。提示を受けて氏名や住所、生年月日を確認するとともに、有効期限が切れていないことにも留意する必要があります。

なお、特別永住者には在留カードが交付されません。法令上の在留資格や在留期間などの確認は不要です。

ポイント

氏名や住所、生年月日を確認するとともに、有効期限にも留意する

15 本人確認書類として マイナンバーカードを提示された…

2016年1月より個人番号カード（以下、マイナンバーカード）が各市区町村から希望者に交付されています。マイナンバーカードは住民登録に基づいて発行されるため、外国人であっても住民登録が完了した後であれば、マイナンバーカードを保有することができます。

マイナンバーカードは、犯罪収益移転防止法（関連法令を含む）で定める顔写真付きの本人確認書類に該当します。本ケースのようにマイナンバーカードが提示された場合は、これで氏名や住所、生年月日を確認すればよいことになります。

●合理性がなければ謝絶を検討

もっとも、外国人のお客様の口座開設においては、口座売買など犯罪のリスクが伴うため、取引時確認に加えて外国人の在留資格と在留期間の確認を行うことが重要です。本人確認書類としてマイナンバーカードを提示されても、別途在留カードを提示してもらい、これらの項目を確認する必要があるでしょう。

特に、在留資格と口座開設の目的に整合性があるか、就労可能か、在留期間の残りが十分にあるか厳格に確認を行い、不正な取引に巻き込まれないように注意しなければなりません。

口座開設の目的に合理性がないなど疑念が生じる場合には、開設を謝絶することも検討します。

ポイント

マイナンバーカードの確認に加えて、在留カードで在留資格と在留期間を確認

Part 3

海外送金 編

「海外送金」
こんなときどうする!?

1 「本国に住む家族の口座に200万円相当額を送金したい」との依頼を受けた…

海外への送金は、送金先にリスクの高い国・地域が含まれていないか、依頼人や受取人等に制裁対象者や制裁対象国・地域に居住している者等が含まれていないか等を検証する必要があり、リスクが高い取引であるといえます。そのため、リスクが高い取引であることを念頭において、自行庫の顧客受入方針を定めたうえで、取引時確認等の顧客管理を慎重に行うことが求められます。

顧客管理にあたっては、まず法令等の規制措置に留意します。わが国では、「外国為替及び外国貿易法」（外為法）に基づき、北朝鮮やイランに対して経済制裁等を実施しています。また、米ドル建ての海外送金取引については、その送金取引は米銀で決済される関係から、米国当局（ＯＦＡＣ等）の規制対象となります。

送金の受取人やその取引先を通じて、送金した資金が制裁対象国の居住者等に移転した場合、海外送金を取り扱った金融機関は、法令違反による行政処分を受ける、監督当局に多額の制裁金を科せられる、あるいは、コルレス契約を結んでいる金融機関からコルレス契約が破棄され、海外送金の取扱いに影響を来す等のリスクが想定されます。そのため、海外送金を取り扱う場合には、①送金依頼人・受取人が国内外の経済制裁対象者リストに該当していないこと、②送金取引の目的が国内外の規制措置に違反していないことを確認することが必要となります。

また、外為法では、わが国から海外へ向けた支払い、または非居住者との間で行う支払い等にかかる10万円を超える為替取引については、本人確認義務が課せられますので留意します。

●送金依頼主の実態や送金原資等を慎重に確認

次に、顧客管理において最も重要な、顧客のリスクを把握することについてです。

海外送金を行う場合には、送金依頼主の実態（氏名・住所等の本人特定事項、および職業や収入・財産、過去の取引状況等の顧客管理事項）を把握したうえで、送金原資の確認（どのようにして得られたのか、送金依頼主の資産なのか等を確認する）や送金目的の確認を慎重に行う必要があります。また、受取人との関係や送金目的との整合性、受取金がリスクの高い国・地域に転送されるリスク等を確認することが必要です。今回のようなケースでは、依頼主の職業等にもよりますが、送金原資がどのようにして得られたのか、どういう目的で母国に住む家族に送金しなければならないかを慎重に確認してください。

特に、留学生や技能実習生から高額の海外送金の依頼があった場合、来日してから短期間で２００万円の資金を得ることは難しいと考えられるので、送金原資について慎重に確認することが重要です。

金融庁のガイドラインでは、「必要とされる情報の提供を利用者から受けられないなど、自らが定める適切な顧客管理を実施できないと判断した顧客・取引等については、取引の謝絶を行うこと等を含め、リスク遮断を図ることを検討すること」とされています。依頼者の実態や送金原資・送金目的を十分に確認することができない場合には、海外送金の依頼は謝絶するべきです。

なお、不自然な海外送金によるマネロン・テロ資金供与を検知・防止するためには、システムによる照合だけではなく、第一線の行職員が顧客と対峙したときに、不自然な点に気付くことが大切です。日ごろから不正取引の事例を把握しておき、疑わしい点がないかどうかを検証しながら応対するように心がけてください。

ポイント

顧客管理にあたり、まずは法令等の規制措置に照らして問題がないか検証する

2 海外送金の受取人が経済制裁対象国の隣接地に存在するとわかった…

古代商事の者です
海外送金を
お願いします
はい
かしこまりました
古代商事さん…
私は初めてだけど
たしか以前から
取引のあるお客様ね
送金目的は輸入代金
受取人は中国の企業か
課長
海外送金の依頼を
受けました
確認を
お願いします
ああ
わかったよ
受取人が
中国東北地方にある
企業のようだね
こういう場合
より慎重な調査が
必要なのは知ってる？
えっ
どんな調査を
行うのですか？

海外送金にあたっては、我が国とは法令や金融システムが異なる国や地域との取引であることを念頭において、国際社会におけるルールに基づいた対応が求められることに留意しましょう。

具体的には、海外に居住する受取人やその取引先を通じて、送金資金が最終的に経済制裁対象国の居住者等に移転した場合、送金元の金融機関も法令違反に問われる可能性があります。また、マネロン・テロ資金供与対策が劣っている金融機関として、民事上・行政上の制裁を受けなければなくなるということも考えられます。

実際、経済制裁対象国である北朝鮮に隣接する中国東北地方（遼寧省、吉林省、黒竜江省）に居住する者が、北朝鮮の特産品であるあさりやウニ等の取引をしている例が新聞等でも紹介されています。こうした者に送金を行うと、送金資金が経済制裁対象国の居住者等に移転する可能性があります。

また、金融庁が２０１８年８月に公表した「マネー・ローンダリング及びテロ資金供与対策の現状と課題」では、送金先企業の実態・代表者の属性、資金源等、送金のリスク等について実質的に検証が行われず、複数回の高額送金が行われた結果、送金資金が送金先銀行から経済制裁対象国の北朝鮮へ転送された地域金融機関の事例が問題のある事例として紹介されています。

このように、海外送金はリスクが高い取引ですから、海外送金にあたっては、送金依頼人の実態（氏名・住所等の本人特定事項、職業や収入・財産、過去の取引状況等の顧客管理事項）や送金原資（どのようにして得られたのか、送金依頼人の資産なのか等）、送金目的を慎重に確認することは当然といえます。そのうえで、受取人の属性、送金目的との整合性、送金依頼人との関係等についても調査し、送金資金がリスクの高い国・地域に転送されるリスク等についても検証することが必要です。

●送金目的が輸入代金等の場合は詳細に調査

本ケースのように、受取人が経済制裁対象国の隣接地に存在する企業の場合、経済制裁対象国との取引が行われていないかを慎重に調査する必要があります。

具体的には、送金依頼人より必要に応じて送金に関するエビデンス等の提出を求め、以下の点を調査します。

①送金取引が外為法（外国為替及び外国貿易法）上の「北朝鮮・イラン規制関連取引」に該当しないこと

②送金取引の最終的な資金の受取人が北朝鮮居住者でないこと

③送金依頼人や受取人等の主な株主や取締役の中に北朝鮮居住者（法人・個人）がいないこと

④送金目的が輸入代金、仲介貿易代金等の場合は、商品の品目、原産地（国名）、船積地、仕向地等。特に商品があさり、ウニ、さるとりいばらの葉、まつたけ、しじ

み、ずわいがに、けがに、赤貝、えび、ウニの調製品、なまこの調製品、ひらめ、かれい、たこ、はまぐり、あわびの場合、北朝鮮との関連性が疑われるので、慎重に調査すること

こうした調査のうえで、経済制裁対象国との取引が伺われる場合、もしくは、送金依頼人の実態や送金原資・送金目的等、顧客管理上必要な情報を十分に確認することができない場合には、取引の謝絶も含めて検討しましょう。

なお、海外送金に関する顧客管理を適切に行うには、日頃から取引関係を十分に構築しておく必要があります。

まだ取引実績が十分でない取引先からの送金依頼については、より慎重に調査を行い、リスクを見極めることが重要です。

ポイント

必要に応じて送金に関するエビデンス等の提出を求め、調査する

3 留学生のお客様の口座に海外から多額の振込（披仕向送金）があった…

被仕向送金は、海外から振り込まれてきた資金を指定された預金口座に入金する取引です。取引相手（送金依頼人等）の実態がつかめず監視も及びにくいこと、資金が国を超えて移動するため資金の流れを把握することが難しいことなどの理由

により、マネー・ローンダリングおよびテロ資金供与（マネロン等）のリスクが高い取引といえます。最近では、口座開設直後に海外から多額の不正な資金が振り込まれるケースも増えてきており、慎重に対応することが求められています。

海外から留学生のお客様の口座に振込があった場合は、外為法等の法令規制を遵守することのほか、マネロン等対策（ＡＭＬ／ＣＦＴ）の観点から以下の点に留意して取り扱います（一般的に本部の担当者が対応についての検討や指示を行い、営業店の担当者はそれに沿って確認等する。営業店の担当者も、本部において以下のような点に留意し対応を検討していることなど知っておくとよい）。

①マネロン等リスクが高い国・地域からの振込でないか

まず、送金依頼人の居住地や活動地区等を確認し、制裁対象国である「北朝鮮・イラン」やその隣接地から振り込まれていないかを検証します。また、ＡＭＬ／ＣＦＴの国際的な推進を行っているＦＡＴＦでは、マネロン等対策が劣っている国（２０２０年9月末現在、カンボジア、ミャンマー、パキスタン等16ヵ国が指定されている）に対して、アクションプランの迅速な履行を要請しています。これ以外にも、米国の外国資産管理局（ＯＦＡＣ）は、イラク、スーダン等の国家に対して独自の経済制裁措置を講じています。

マネロン等リスクが高い国・地域から振込があった場合、不正な資金が紛れ込んでいる可能性もありますので、状況に応じて受取人（預金者）から振込に関する資料の提示や説明を受ける等の対応が必要です。

●送金目的を聞き取り整合性を確認する

②送金目的に合理性があるか

次に、送金目的を確認します。預金者本人から受取理由を聞き取り、被仕向送金の内容との整合性を確認しましょう。外国人留学生の場合、生活費仕送りの場合が多いですが、送金依頼人との関係を確認し、家族以外からの振込の場合には、具体的な送金目的（例えば生活費の援助等）を確認します。

また、生活費としては異常に高額な振込の場合や頻繁に振込が行われている場合等、通常ではあり得ない取引については、受取人に詳細にヒアリングする等の対応が必要になります。なお、留学生のお客様の口座に商業取引の決済資金等が振り込まれてきた場合は、送金目的の合理性が疑われるほか、本人が在留資格とは異なる活動を行っていることも想定されますので留意します。

③受取人の実態や口座の利用状況はどうか

特に以下のようなケースについては、留学生のお客様が本来の目的以外に口座を利用しているおそれがありますので、慎重に検証しましょう。

㋐長期間利用されていなかった口座に振込があった

㋑生活費にも関わらず、直ちに第三者の口座へ資金を移転する等の取引を行っている

㋒継続して第三者から振込や現金入金が行われている

こうした検証を行ったうえで合理的な説明がなかった場合には、預金口座への入金を拒否し資金を返却する等の措置を検討します。全銀協が2019年4月に公表した預金規定の改正案には、預金者に対して各種確認や資料の提出を求めたうえ期限までに回答がない場合、もしくはマネロン等対策上問題がある場合には、入出金取引等の一部を制限する内容が含まれています。自行庫の規定に基づいて慎重に対応してください。

ポイント

外為法等の法令規制を遵守するほか、マネロン等対策の観点から留意して取り扱う

4 最近現金が入金されたばかりの口座からの海外送金を依頼された…

マネロン等を実行する者は、犯罪収益の出処を不明にするため、口座への入出金や振込を繰り返します。取引実績がほとんどない段階で依頼された海外送金はマネロン等リスクが高い取引といえます。

金融庁のマネロン等対策ガイドラインでは、「必要とされる情報の提供を利用者から受けられないなど、自らが定める適切な顧客管理を実施できないと判断した顧客・取引等については、取引の謝絶を行うこと等を含め、リスク遮断を図ることを検討すること」とされています。

●顧客受入方針を対外的に公表

金融機関の実務では、送金依頼人（口座名義人）の事業実態の他、入金原資・入金目的を十分に確認できなければ、本ケースのような海外送金依頼に応じるべきではありません。

また、このような海外送金を避けるためには、マネロン等対策の基本方針や顧客受入方針の中で「リスクベース・アプローチに基づき、自行庫の顧客受入方針に合致しない顧客・取引等については謝絶すること」などを定めたうえで、これを対外的に公表しておくことも有効です。

そのほか、自行庫の預金規定を「マネロン等対策上問題がある場合に入出金取引等の一部を制限する」旨を含む内容に改定したうえで、お客様に対して十分な調査・ヒアリングができる体制を整備しておくことも有効といえます。

ポイント

送金依頼人の事業実態などを十分に確認できなければ、海外送金に応じない

5 リスクの高い国からの海外送金の受入依頼があった…

イラン・北朝鮮は制裁対象国であり、外為法の規制対象取引に該当しないことを確認する必要があります。一方で日本の法令で規制されていなくてもマネロン等対策上、リスクの高い国からの海外送金は慎重な検証のうえで受け入れるべきです。

ＦＡＴＦでは、マネロン等対策に欠陥がある国を監視プロセスに指定しアクションプランの履行を要請しています。２０２０年9月末現在、アルバニア、バハマ、バルバドス、ボツワナ、カンボジア、ガーナ、ジャマイカ、モーリシャス、ミャンマー、ニカラグア、パキスタン、パナマ、シリア、ウガンダ、イエメン、ジンバブエが指定されています。

そのほか、米国の監督庁であるＯＦＡＣは、イラク・スーダン等に独自に経済制裁措置を講じています。

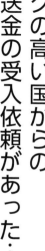

このようなマネロン等リスクが高い国から送金があった場合、不正な資金が紛れ込んでいる可能性もあり得ますので、必要に応じて受取人（預金者）から資料に基づく説明を受ける等、慎重に調査したうえで受け入れるべきです。

●適切な顧客管理を実施する

全銀協では「マネロン等対策上問題がある場合には、入出金取引等の一部を制限する」内容を含む預金規定の改定案を提示しています。金融機関は、マネロン等対策を強化するために預金規定を改定するといった取組みを行い、リスクに応じた適切な顧客管理を実施する必要があります。

ポイント

マネロン等リスクが高い国から送金があった場合、慎重な調査が必要

Part 4

マネロン等対策 編

知っておきたい マネロン等対策Q&A

Q1

リスクベース・アプローチに基づいてお客様や取引に対応するにはどうしたらいい？

A 金融庁が２０１８年2月に適用開始した「マネー・ローンダリング及びテロ資金供与対策に関するガイドライン」では、マネー・ローンダリングやテロ資金供与の対策（以下、マネロン等対策）について、リスクベース・アプローチに基づく対応を求めています。

リスクベース・アプローチとは、一般的には「リスクを判断し、リスクに応じて対応する手法」のことをいいます。

例えば、高齢のお客様が高額の現金を払い戻す場合は、振り込め詐欺に遭っているリスクが高いので、複数の職員でヒアリングをする・チェックリストに基づき慎重に検証する等の厳格な対応をしたうえで払戻しに応じていると思います。逆に、若いお客様の場合は振り込め詐欺の可能性が低いので、通常は高齢のお客様のような厳格な対応は行わないでしょう。

このように、リスクの高低を判断し、リスクの高いお客様や取引に対して、より厳格な取扱いを行うことがリスクベース・アプローチの基本となります。

また、リスクベース・アプローチによって、「リスクの高い分野に集中的に経営資源を投入することで、費用対効果を高めることができる」と考えられています。

●水際での防止が極めて重要になる

マネロン等対策でリスクベース・アプローチが求められる背景には、以下のようなことがあります。

・金融機関でマネロン等事犯が生じたら、世間はマネロン等対策の劣っている金融機関と判断し、そうした風評が立つ

・犯罪者の手口は常に進歩しており、犯罪者はルールや脆弱なシステムの隙間を狙う

金融機関がルールどおり対応していたとしても、それだけではマネロン等リスクを防止することは難しいのです。マネロン等対策では、水際での防止が極めて重要になります。

そこで、お客様と直接対峙する営業部門では、自行庫や自店の置かれている環境を

踏まえて、個別のお客様の対応を行う必要があります。各担当者は都度、取引内容や状況等を十分に把握し、マネロン等リスクが高いお客様や取引に直面した場合には、それに応じてより厳格な対応を行わなければなりません。

本部の管理部門では、営業部門が適切な対応ができるように、内部ルールを策定します。その際には、自行庫のリスクを特定し、リスクを評価したうえでリスクを低減する措置を策定する必要があります。

直面するリスクを具体的に特定するには、日頃から営業部門との間で情報を共有する態勢を築いておき、例えば営業部門で何か疑わしいことがあったら、すぐに管理部門に報告してもらうようにすることが重要です。

ポイント

リスクの高低を判断し、リスクの高いお客様や取引をより厳格に取り扱うのが基本

Q2 取引時確認ではどんなことに留意すべき？本人確認書類はコピーで大丈夫？

A

犯罪収益移転防止法では、金融機関等の特定事業者に対して、預金口座の開設など一定の取引を行う場合に、本人特定事項と顧客管理事項を確認することを義務付けています。これを「取引時確認」といいます。

その目的は、お客様の実在性・同一性を確認することで、仮名取引や借名取引を防止することに加えて、顧客属性（職業や収入、資産背景等）を把握することで、適切な顧客管理措置を実施することにあります。

本人特定事項とは、個人の場合は「氏名、住所および生年月日」、法人の場合は「名称および本店または主たる事務所の所在地」です。これらを運転免許証（個人の場合）や登記事項証明書（法人の場合）等の本人確認書類により確認します。

マネロン・テロ資金供与対策の国際標準（ＦＡＴＦ勧告）では、「信頼できる独立した情報源に基づく文書、データまたは情報を用いて、顧客の身元を確認し照合すること」が求められています。

また、我が国では、対面取引の場合、官公庁が発行・発給した本人確認書類原本の提示を受けて、氏名・住所等を厳格に照合することにしています。したがって、当然、本人確認書類の取得を免除することはできません。また、対面取引において、本人確認書類のコピーを使用することも許されません。コピーの場合、本人確認書類自体の真偽が不明であり、信頼できる文書による確認・照合という取引時確認の要件を満たさないことになるからです。

なお、法人取引や代理人取引の場合には、取引時確認において、取引の任に当たっている自然人（代表者や代理人等）の本人特定事項も確認する必要があります。法人取引については、実質的支配者（法人の経営を実質的に支配することが可能となる関係にある者）を法令に定められた方法により確認したうえで、実質的支配者の本人特定事項について代表者等より申告を受けることも求められます。

●取引の目的を具体的にヒアリングする

一方、顧客管理事項とは、個人の場合は「お客様が取引を行う目的と職業」、法人の場合は「お客様が取引を行う目的と事業の内容」をいいます（一定のハイリスク取引の場合は、資産および収入の状況を含む）。確認方法はお客様による申告等によります。

リスクベース・アプローチの取組みにあたっては、お客様の状況を十分に把握し、今後どのように顧客管理を行うかを決めることが重要になります。顧客管理事項については、形式的な確認にとどまらず、取引の目的を具体的にヒアリングしたり、法人であれば主要な事業内容を具体的に確認したりすることが必要です。

ポイント

窓口での確認において、本人確認書類の取得の免除や、コピーの使用はできない

Q3 どんな取引が疑わしい取引に該当する？ 該当する・しないはどう見極めればいい？

A

金融機関は、犯罪収益移転防止法に基づいて「取引において収受した現金等の財産が犯罪収益の疑いがある」場合や、「お客様等が詐欺等の犯罪行為を行っている疑いがある場合」は、疑わしい取引の届出を行政庁（金融庁）に行うことになっています（同法8条）。

金融機関等が届け出た疑わしい取引の情報は、捜査当局による犯罪集団等の捜査・取り締まりに利用されます。金融機関の担当者は疑わしい取引の届出がマネロン等対策上重要であることを認識し、日頃から適切に取り扱うことが重要です。

具体的には、次のような場合に、疑わしい取引に該当するかどうか検証することになります（犯罪収益移転防止法施行規則26条）。

①同様の職業や資産背景を有する他の者が通常行うような取引とは異なる行為を行っ

た場合

金融庁が公表したマネロン等対策ガイドラインでは、疑わしい取引の該当性を見るときに「国によるリスク評価の結果のほか、外国ＰＥＰｓ該当性、顧客が行っている事業等の顧客属性、取引に係る国・地域、顧客属性に照らした取引金額・回数等の取引態様その他の事情を考慮すること」を求めています。

例えば、給与所得者が収入に見合わない高額の現金入金を頻繁に行うことは、同様の職業や収入を有する者が行う取引と比較すると極めて不自然です。この場合、疑わしい取引に該当するかどうかを慎重に検証することになります。

●お客様に再度面談して取引の合理性を確認

②過去に行っていた取引とは異なるような取引を行った場合

例えば、これまで自店の営業エリアにあるＡＴＭを利用していたお客様が、遠方のＡＴＭを夜間に頻繁に利用するようになった場合、過去の取引と比較すると不自然さは否めません。担当者としては、疑わしい取引の届出の必要性を検証することになります。

③過去に行った取引時確認の結果等により入手した情報と照らして整合性がない行為

を行った場合

自行庫が保有する顧客情報・データに照らしてありえないような行為が行われた場合、そのお客様に再度面談して取引の合理性を確認したうえで、疑わしい取引の届出について判断します。この場合、必要に応じて自行庫の情報を更新し、今後の取引の整合性を保つ対応も必要になります。

なお、疑わしい取引の見極めや届出については、お客様とじかに接する営業店の行職員の気づきにより、不審・不自然なお客様や取引等を的確に検知・監視することが重要です。疑わしい取引に該当するような手口について事前に理解を深めておいたうえで、日頃の対応に活かせるように準備をしておき、犯罪収益の疑いがある場合や、詐欺等の犯罪行為を行っている疑いがある場合には、疑わしい取引の届出を顧客情報と照合して確認しましょう。

ポイント

顧客情報と照合し、ありえない行為と思われたら取引の合理性を確認する

Q4 継続的顧客管理とは何？どんな取組みをしなければならないの？

A

金融庁は２０１９年4月10日付で「マネー・ローンダリング及びテロ資金供与対策に関するガイドライン」を改正しました。

この改正で「すべての顧客についてリスク評価を実施すること」を明記したうえで、「リスク評価の結果を継続的な顧客管理に活用することの重要性」を示しています。具体的には、金融機関に以下の対応を求めています。

①自らのマネロン・テロ資金供与リスクの評価の結果を総合し、利用する商品・サービスや顧客属性等が共通する顧客類型ごとにリスク評価を行うこと等により、すべての顧客についてリスク評価を行うとともに、講ずべき低減措置を顧客のリスク評価に応じて判断すること

②各顧客のリスクが高まったと想定される具体的な事象が発生した場合のほか、定期

的に顧客情報の確認を実施するとともに、例えば高リスクと判断した顧客については調査頻度を高める一方、低リスクと判断した顧客については調査頻度を低くするなど確認の頻度をリスクに応じて異にすること

③継続的な顧客管理により確認した顧客情報等を踏まえ、顧客のリスク評価を見直すこと

●顧客情報を更新することが重要

マネロン等対策における顧客管理では、個別のお客様について、リスク要因を確認・調査してリスクを評価し、その結果を踏まえて、低減措置を実施することになります。もっとも、お客様の状況は、取引を開始したときからずっと同じというわけではありません。ライフイベントや生活環境などによって変化することがあります。すなわち、お客様の状況が変われば、マネロン等のリスク要因もリスク評価も低減措置も変わる可能性がありますから、金融機関はお客様の状況を継続的に確認・調査し、保有する顧客情報を更新（アップデート）することが重要になります。

融資取引では、融資先の信用リスク（債権を回収できなくなる可能性）を見て与信管理をしており、そのために担当者は毎期決算書を提出してもらうなど、継続的に情

報収集を行っています。マネロン等対策における顧客管理が融資における与信管理とまったく同じとはいえませんが、同じようなことを実施するものとイメージするとよいでしょう。

マネロン等リスクに応じて、確認・調査する内容や頻度は変わります。継続的な顧客管理を実践するためにも、お客様の取引状況の変化を察知したときには、お客様へのヒアリングなどで詳細を把握してリスクを検証することが大事になるでしょう。そして、取引の対応や疑わしい取引の届出を検討して判断します。お客様の状況が変わるため、金融機関はお客様の状況を継続的に確認・調査し、保有する顧客情報を更新することが重要であること、お客様の取引状況の変化を察知したときには、お客様へのヒアリングなどで詳細を把握してリスクを検証することが重要であることを覚えておきましょう。

ポイント

お客様の状況を継続的に追っておく。変化を察知次第、ヒアリング等で詳細を把握する

Q5 リスク低減措置やEDDとは何？ リスクの高い取引にはどう対応すればいいの？

A

マネロン・テロ資金供与対策を国際的に推進しているFATFの勧告（解釈ノートを含む）では、次の2つが記されています。

㋐「金融機関は、顧客、国・地域、商品・サービス、および取引形態（チャネル）の観点から、自らのマネロン・テロ資金供与リスクを特定・評価するための適切な対応をとらなければならない」

㋑「特定したリスクを実効的に管理・低減できる方針、コントロール（管理措置）、手続きを有していなければならない」

このようなことを踏まえ、金融庁のガイドラインでは、「自らが直面するマネロン・テロ資金供与リスクを低減させるための措置は、リスクベース・アプローチに基づくマネロン・テロ資金供与リスク管理態勢の実効性を決定付けるもの」としています。合わせて、「リスクベース・アプローチにおいては、特定・評価されたリスクを前提としながら、実際の顧客の属性・取引の内容等を調査し、調査の結果をリスク評価の結果と照らして、講ずべき低減措置を判断したうえで、当該措置を実施することになる」と示しています。このような一連の対応は「顧客管理（ＣＤＤ）」といわれています。

すなわち、マネロン・テロ資金供与対策にあたっては、リスクベース・アプローチに基づいて、金融機関は自らが直面するリスクの高低に応じて対応することが求められます。具体的には、金融機関はリスクを特定・評価・把握したうえで、例えばリスクが高いお客様・取引に対しては、より多くのリソース（資源）を配分し、厳格に顧客管理を行うことが必要ということです。このような取組みを、リスク管理に基づく「リスク低減措置」といいます。

リスク低減措置においてポイントとなるのは、リスクの高いお客様・取引に対してより厳格な顧客管理（ＥＤＤ）を実施しなければならないということです。

●リスクに応じた追加的な情報入手などが求められる

金融庁のガイドラインでは、より厳格な顧客管理措置として、下記①～③のような対応を挙げています。実施にあたっては、マネロン・テロ資金供与のおそれがないと納得できるまで、お客様や取引内容を十分に調査することが重要です。

①資産・収入の状況や、取引の目的、職業・地位、資金源等について、リスクに応じ追加的な情報を入手すること

②お客様の取引の実施等につき上級管理職の承認を得ること

③リスクに応じて、お客様が行う取引に係るしきい値の厳格化等の取引モニタリングの強化や、定期的なお客様情報の調査頻度の増加等を図ること

リスクの高低に応じて、対応することをリスク管理に基づく「リスク低減措置」といい、リスクの高いお客様は、より厳格な顧客管理（EDD）を実施します。

ポイント

マネロン・テロ資金供与の可能性がないように、お客様や取引内容を十分に調査する

Q6

取引フィルタリングとは？ 注意フラグが立ったら どう対応すればいい？

A

金融機関では、マネロン等リスクを低減するために、取引開始時や一定の取引を行う際に、取得・保有するお客様情報・取引情報と、経済制裁対象者・反社会的勢力対象者等のリストとを照合する「取引フィルタリング」（リスト・スクリーニング）を実施します。

これは、金融庁のマネロン等対策ガイドラインにおいて「取引類型に係る自らのリスク評価を踏まえながら、個々の取引について、異常取引や制裁対象取引を検知するために適切な取引モニタリング・フィルタリングを実施すること」が求められていることも背景にあります。

取引フィルタリングの目的は、リスクが高いお客様・謝絶すべきお客様のリストと、取得・保有しているお客様情報・取引情報とを照合し、検知されたお客様に対する対応方針を決定することで、自行庫のリスクを低減することにあります。

したがって、リストに該当し注意フラグが立った場合には、当該お客様はリスクが高い、もしくは謝絶しなければならないと考えられますので、さらに厳格な調査を実施する、または取引を謝絶する等の対応を図らなければなりません。

●注意フラグは複数人で一致度を検証するなどが有効に

取引フィルタリングの実施にあたっては、次のような点に留意が必要と考えられます。

①フィルタリングすべき情報（ウォッチリスト）は、リスク評価や顧客受入方針等を踏まえたものとなっていること

リスクが高く厳格な対応を必要とする（もしくは謝絶すべき）お客様にもかかわらず、それを検知するウォッチリストがなければ、適切な取引フィルタリングが実施できないことになります。

②ウォッチリストと照合する情報は、お客様情報・取引情報を網羅すること

例えば、海外送金では受取人や送金国・地域等の情報を含む必要があります。

③検知された内容を確認し、その一致度を検証すること

取引フィルタリングでは、検知漏れを防止するため、完全一致だけではなく、部分一致やあいまい一致などを含む幅広い候補をアラート（注意フラグ）として検出します。注意フラグが立った先については、リストの内容と一致していることを詳細に調査するほか、複数の行職員で確認する等の慎重な対応が求められます。

④お客様情報等データの正確性を向上するとともに、クレンジングを実施すること

データを常に最新かつ正確なものにしておくほか、検出漏れを防ぐために照合方法に合った形式に整えておく（クレンジングしておく）必要があります。

お客様情報・取引情報と、経済制裁対象者・反社会的勢力対象者等のリストを照合し、リスクが高い・謝絶しなければならない対象は、さらに厳格な調査を実施する・取引を謝絶するといった対応を図りましょう。

ポイント

高リスク・謝絶対象のお客様は、特に厳格な調査をしたうえで謝絶する対応をとる

※本誌は、2019年～2020年に発行された雑誌『バンクビジネス』の記事を一部転載したほか、加筆しております。

・協力／加来輝正
・本文イラスト／アカツキウォーカー／栗原清／黒柳典子／山川直人
・表紙イラスト／アカツキウォーカー
・表紙デザイン／㈱アド・ティーエフ

バンクビジネス別冊
窓口担当者必携！
金融機関のための外国人のお客様対応マニュアル

2020年11月1日　発行

編　者　バンクビジネス編集部
発行者　楠　真一郎
発行所　株式会社近代セールス社
http://www.kindai-sales.co.jp
〒165-0026 東京都中野区新井2-10-11　ヤシマ1804ビル4階
電　話（03）6866－7586
ＦＡＸ（03）6866－7596

印刷・製本（株）暁印刷

ISBN978-4-7650-2198-2